FACULTÉ DE THÉOLOGIE DE PARIS.

OUVERTURE DES COURS

LE 2 DÉCEMBRE 1867.

RAPPORT DE Mgr L'ÉVÊQUE DE SURA

DOYEN DE LA FACULTÉ;

DISCOURS DE M. L'ABBÉ BOURRET

PROFESSEUR A LA FACULTÉ;

ALLOCUTION DE Mgr L'ARCHEVÊQUE DE PARIS.

PARIS.

TYPOGRAPHIE DE JULES DELALAIN

IMPRIMEUR DE L'UNIVERSITÉ

RUE DES ÉCOLES, VIS-A-VIS DE LA SORBONNE.

1867

FACULTÉ DE THÉOLOGIE DE PARIS.

OUVERTURE DES COURS

LE 2 DÉCEMBRE 1867.

RAPPORT DE MGR L'ÉVÊQUE DE SURA

DOYEN DE LA FACULTÉ;

DISCOURS DE M. L'ABBÉ BOURRET

PROFESSEUR A LA FACULTÉ;

ALLOCUTION DE MGR L'ARCHEVÊQUE DE PARIS.

PARIS.

TYPOGRAPHIE DE JULES DELALAIN

IMPRIMEUR DE L'UNIVERSITÉ

RUE DES ÉCOLES, VIS-A-VIS DE LA SORBONNE.

1867

Les cours de la Faculté de théologie de Paris ont été ouverts, dans l'église de l'Université, à la Sorbonne, le 2 décembre 1867, à midi précis. Monseigneur l'archevêque de Paris présidait la cérémonie. Désireux de donner à la Faculté de théologie un témoignage de leur sympathie et de rendre un pieux hommage à la mémoire de M. l'abbé Bautain, plusieurs éminents personnages du clergé et de l'Université s'étaient réunis au premier pasteur du diocèse. On remarquait Leurs Éminences les cardinaux-archevêques de Bordeaux et de Rouen; Son Excellence M. le Ministre de l'instruction publique; Nos Seigneurs les évêques de Châlons et de Parium; M. Charles Robert, secrétaire général du ministère de l'instruction publique; M. Mourier, vice-recteur de l'Académie de Paris; M. l'abbé Jourdan, archidiacre de Saint-Denis, et M. l'abbé Petit, secrétaire général de l'archevêché; M. Goupy, chef du cabinet de Son Excellence M. le Ministre de la justice et des cultes; M. l'abbé Deguerry, curé de la Madeleine; M. l'abbé Delaunay, curé de Saint-Étienne-du-Mont; M. l'abbé Duchesne, curé de Notre-Dame-des-Champs, et un grand nombre de membres du clergé de Paris et des gradués de la Faculté de théologie.

Monseigneur Maret, évêque de Sura, doyen de la Faculté de théologie, a lu le rapport annuel sur les études dans la Faculté et présenté le tableau des hautes questions de dogme, de morale, d'histoire, de droit canon, d'exégèse biblique et d'éloquence sacrée, étudiées et développées cette année, en présence d'un auditoire sympathique et nombreux, par les savants professeurs dévoués au difficile ministère de l'enseignement. Puis le savant doyen a tracé, en quelques paroles éloquentes, un saisissant portrait de M. l'abbé Bautain, de cet homme illustre et de ce prêtre dévoué qui révéla, dans les longues années de sa carrière sacerdotale, par sa parole et ses écrits, ces admirables harmonies de la raison et de la foi dont son esprit vigoureux avait compris la grandeur et dont son âme avait aimé la beauté.

Après Monseigneur Maret, M. l'abbé Bourret, professeur de droit canonique, a pris la parole et prononcé le discours d'ouverture, sur la législation et sur le vrai progrès des nations. Ce discours a obtenu un succès légitime qui, nous n'en doutons pas, sera confirmé par ses lecteurs.

Monseigneur l'archevêque de Paris a terminé la séance en quelques paroles fermes et émouvantes; l'éloquent prélat a partagé les regrets de Monseigneur Maret et déploré avec lui la mort de M. l'abbé Bautain, une des gloires de l'Église de France en ce siècle; puis, par une déférence pleine de délicatesse, Monseigneur l'archevêque a prié Son Éminence le cardinal Donnet de bénir l'assemblée.

Le public d'élite et cependant nombreux qui assistait à cette réunion en a rapporté les plus heureuses impressions. La Faculté ne pouvait mieux inaugurer son enseignement.

Le Secrétaire de la Faculté de Théologie,

L'ABBÉ G. BAZIN, *ch. hon.*

Rapport de Mgr l'évêque de Sura.

MESSEIGNEURS[1], MONSIEUR LE MINISTRE[2], MESSIEURS,

Les cours de la Faculté de théologie se sont faits régulièrement cette année, comme dans les années précédentes.

Cours de Théologie dogmatique.

Le professeur s'est proposé de combattre l'antithéisme contemporain. Après avoir montré que les causes de la sophistique antithéiste moderne se trouvent dans les psychologies incomplètes des matérialistes, des positivistes et des criticistes, le professeur a suivi ces philosophes sur le terrain de l'expérience. Il leur a fait voir qu'il y a en nous une observation intellectuelle ou métaphysique dont il faut tenir autant de compte que de l'observation organique (admise

1. NN. SS. Leurs Éminences le cardinal Donnet, archevêque de Bordeaux, et le cardinal de Bonnechose, archevêque de Rouen; Mgr l'archevêque de Paris; NN. SS. l'évêque de Châlons et l'évêque de Parium.
2. S. Exc. M. Duruy, ministre de l'instruction publique.

par les matérialistes) et de l'expérience psychologique (admise par les autres philosophes). Le professeur a démontré ensuite que l'existence du concept de l'infini réclame un objet existant en lui-même, distinct du moi humain et du monde. L'argument de saint Anselme a été examiné; et il a été facile d'établir que cette « preuve de simple vue », ainsi que la nomme Malebranche, n'a pas été entamée par la critique des écoles d'Aristote et de Kant.

Ayant ainsi montré que la théologie a un objet, une unité qui la rend possible et qui lui sert de champ, le professeur a étudié quelques-uns des attributs (l'immutabilité, l'éternité, l'immensité, etc.) que l'idéal divin révèle naturellement à l'esprit humain. Il s'est appliqué surtout à faire ressortir la propriété d'*Être* qui distingue l'infini de la simple existence finie, et il a fait voir que ce souverain *Être* est une vie subsistante, une intelligence, un être personnel. Le cours a été terminé par une réponse générale aux principales objections du Panthéisme.

Cours de Morale.

Tout le cours de morale, l'année dernière, a porté sur deux questions que le professeur a cru devoir approfondir pour asseoir solidement le terrain de ses leçons ultérieures. Ces deux questions, qui s'offrent dès le premier verset du sermon sur la montagne, sont celles de la *Béatitude*, considérée comme la fin de l'homme, et du *Règne temporel* de Jésus-Christ.

Sur la première question, il a fait voir, en exposant d'abord à l'aide de saint Thomas et de saint Augustin la doctrine catholique, qu'elle donnait pleinement satisfaction aux besoins les plus profonds et aux instincts les plus sacrés de la nature humaine. Il a montré ensuite, en analysant les systèmes antiques, Platon, Aristote, Zénon, Épicure, que tous, même les plus élevés et les plus honorables pour l'esprit humain, étaient impuissants à assurer à l'esprit comme au cœur de l'homme leur véritable béatitude. Puis passant aux systèmes contemporains, rationalisme, spiritualisme, positivisme et criticisme, il a essayé de montrer que, pour avoir voulu se passer de la base révélée évangélique, ils étaient condamnés à faire retomber la pensée humaine au-dessous des anciens eux-mêmes, dont quelques-uns au moins, comme Platon, ont entrevu l'idéal chrétien.

Le second semestre a été employé à traiter la question du règne temporel de Jésus-Christ. Le professeur a été forcé de s'y arrêter et de la traiter à fond, à cause des interprétations surprenantes qu'un écrivain récent a données des idées de Jésus-Christ sur le *Regnum Dei*. Il a montré par l'étude du mot et de la chose, dans tout le Nouveau Testament, qu'il n'y avait rien de plus absurde que de vouloir faire de Jésus-Christ un millénaire.

Cours d'Histoire ecclésiastique.

Après avoir traité dans une première leçon des conditions de l'impartialité historique, surtout en matière d'histoire religieuse, le professeur a continué le résumé d'histoire générale de l'Église commencé l'année précédente et envisagé au point de vue des réformes accomplies par l'Église catholique sur elle-même. Il a spécialement consacré trois leçons à étudier le rôle de saint Bernard, comme réformateur, au douzième siècle. Il a ensuite exposé et analysé sommairement les principales réformes accomplies pendant le treizième, le quatorzième et le quinzième siècle, et commencé l'étude du seizième, sous les pontificats de Jules II et de Léon X, en accordant une attention spéciale au Concile de Latran. En regard de la réforme catholique, il a placé la réforme protestante d'Allemagne. Il a exposé en six leçons la biographie de Luther et l'analyse de ses principaux ouvrages.

Les trois dernières leçons du cours ont eu pour objet : 1° Les conséquences religieuses et morales de la réforme luthérienne, à l'époque même de Luther ; 2° l'influence de la réforme luthérienne sur le mouvement intellectuel au seizième siècle ; 3° enfin, l'influence de cette même réforme sur la liberté religieuse et la liberté politique.

Cours de Droit canonique.

Le professeur avait employé les années précédentes de son enseignement à démontrer l'heureuse influence des principes du droit chrétien sur les diverses branches du droit social : c'était l'histoire de la transformation du monde moderne par le christianisme. Arrivé à la fin de cette exposition, il est passé à une autre partie de l'histoire du droit, c'est-à-dire à l'histoire des rapports de l'Église et de l'État en France. Prenant au berceau même de notre nation la législation de Clovis et de ses successeurs, il a poussé son examen jusqu'à celle de Charlemagne, et il s'est attaché à faire connaître ce que nos premiers rois avaient établi de favorable ou de préjudiciable à l'Église. Il n'a guère eu qu'à constater l'harmonie des deux pouvoirs sous les princes de nos deux premières races royales.

Cours d'Écriture sainte.

Le professeur a examiné les idées religieuses des peuples qui se sont trouvés en rapport avec Israël (polythéisme naturaliste des races Aryennes, dualisme cosmogonique de Phénicie et de Chaldée). Il a réfuté par occasion le fatalisme historique, qui découle de l'exagération de la théorie des races, et montré en terminant que, loin d'être vouée au monothéisme, la race sémitique, civilisée ou nomade, en Chaldée aussi bien que dans les déserts de l'Arabie, du temps de Moïse comme du temps de Mahomet, n'a été monothéiste que par exception, et par suite de circonstances qui l'ont, en quelque sorte, arrachée à elle-même et aux instincts idolâtriques qu'elle a partagés avec toute l'antiquité.

Cours d'Hébreu.

Le professeur a repris l'explication des livres saints qui font la matière de son enseignement depuis quelques années. Ces livres sont la Genèse et le prophète Jérémie. Selon une méthode qu'il a adoptée depuis longtemps, et qu'il croit très-profitable à la généralité de ses auditeurs, il a divisé son cours en deux parties, ou plutôt en deux leçons par semaine, l'une s'adressant aux commençants et l'autre étant destinée aux auditeurs qui sont déjà avancés dans l'étude de l'hébreu et à qui la langue sainte est devenue familière. Aux uns il a expliqué la Genèse, comme contenant un texte historique facile à comprendre, et aux autres les prophéties de Jérémie, qui sont rédigées dans un style plus élevé, plus poétique, et par conséquent plus difficile à saisir.

Cours d'Éloquence sacrée.

Le professeur a continué ses études sur les écrits d'Origène. Deux ouvrages du célèbre Alexandrin ont particulièrement fait l'objet de ses leçons, le *Livre des Principes* et le *Traité contre Celse :* le premier comme analyse philosophique des dogmes chrétiens ; le second comme résumé de l'apologétique en face de l'incrédulité païenne. Après avoir étudié l'éloquence sacrée sous cette double forme, le professeur s'est attaché à faire ressortir le mérite et l'importance des travaux d'Origène sur l'Écriture Sainte. Dans les *Commentaires*, il a cherché la méthode d'interprétation qu'avait suivie le savant exégète, et dans les *Homélies*, le ton et le caractère qui distinguent l'éloquence de la chaire au troisième siècle.

Tel a été l'objet de l'enseignement dans la Faculté pendant l'année dernière. Cet enseignement, il faut le reconnaître, correspond toujours aux besoins des esprits. Tant d'idées justes et tant de vraie science présentées à un public d'élite ne peuvent avoir que d'heureux résultats pour asseoir les idées religieuses, fortifier les cœurs, et développer parmi la jeunesse ecclésiastique qui fréquente ces cours le goût et le besoin des bonnes et fortes études.

L'empressement du public est toujours le même autour de nos chaires. Elles sont au nombre de sept. Quatre professeurs ont la satisfaction de voir la salle pleine. L'auditoire des autres est moins nombreux, soit à cause de la nature, soit à cause de la nouveauté de l'enseignement.

Actes de la Faculté.

Nous avons eu, pendant cette année, 80 inscriptions théologiques, dont 44 pour le baccalauréat, 8 pour la licence et 28 pour le doctorat. Les inscriptions des étudiants en droit, qui suivent nos cours, ont atteint le chiffre de 522.

La Faculté a fait passer 9 examens, dont 3 de baccalauréat, 2 de licence et 4 de doctorat. Elle a conféré 6 grades, dont 1 de bachelier, 1 de licencié et 4 de docteur.

Doctorats.

La première thèse admise et soutenue est un volume de 180 pages sur le *Droit et le Devoir*. Le R. P. Méric, auteur de ce travail, y a développé d'éminentes qualités philosophiques. Avec une sûreté entière de vues, il a su remonter aux derniers principes de la divine morale; et, à cette hauteur, il lui a été facile de faire pleine justice de la triste théorie de la morale indépendante, telle qu'elle s'est produite dans ces derniers temps, et qui accuse dans ses auteurs l'infirmité métaphysique la plus caractérisée. La soutenance de cette thèse a été aussi brillante que solide.

Les trois autres thèses de doctorat ont été présentées par trois membres de la Faculté qui n'avaient pas encore le titre de docteur. Ces thèses sont dignes des hommes éminents qui honorent déjà la Faculté par leur enseignement.

M. l'abbé Fabre d'Envieu, suppléant du cours de dogme, a soumis à la Faculté deux volumes, l'un de 596, l'autre de 576 pages. Ce grand travail est une exposition nouvelle des grands principes de la philosophie augustinienne, à laquelle il est facile de rattacher celle de saint Thomas, malgré de notables différences. M. Fabre d'Envieu soutient, avec une étendue d'érudition, une profondeur d'analyse et une clarté d'exposition dignes de grands éloges, les plus nobles et les plus nécessaires doctrines. Il ne recule devant aucune objection, et, par ses réponses, il satisfait entièrement le lecteur attentif.

Le R. P. Lescœur, de l'Oratoire, suppléant du cours de morale, a poursuivi dans sa thèse un but bien digne de sa piété et de son intelligence. Cette thèse forme un volume de 360 pages. Ému d'une étrange accusation élevée récemment contre le divin Sauveur, et qui le présente comme un *millénaire*, le R. P. Lescœur a voulu faire justice de cet étrange système... Il cherche d'abord le vrai sens de la royauté de Jésus-Christ, d'après les saints Évangiles, et quel est le vrai royaume de Dieu qu'il est venu fonder sur la terre. Il expose ensuite l'histoire du millénarisme et ses transformations successives. Cet exposé le conduit jusqu'à nos jours, où il trouve deux écoles : celle du désespoir et celle de l'espérance, qui ne sont pas sans lien avec la tradition millénaire. Les conclusions et les sympathies du sage écrivain sont en faveur de l'espérance, et nous l'en félicitons.

M. l'abbé Vollot, chargé du cours d'Écriture sainte, dans sa thèse sur la chronologie égyptienne, a pleinement justifié le choix de l'autorité supérieure qui l'a appelé, jeune encore, à un grave enseignement. Une érudition sûre, une grande justesse d'appréciation et un vrai talent d'exposition distinguent le jeune professeur et nous promettent des travaux utiles.

Je ne terminerai pas ce rapport sans payer un tribut de regrets au prêtre illustre, au savant philosophe que Dieu nous a enlevé dans ces derniers jours. M. l'abbé Bautain avait occupé pendant plusieurs années la chaire de morale dans la Faculté de Théologie ; il y avait retrouvé les triomphes de sa jeunesse. Cette parole professorale incomparable, cette parole profonde et claire, ferme et douce, savante et facile, pleine de charme, jeta sur notre Faculté un glorieux éclat.

Il faudrait un long discours pour honorer dignement cette grande mémoire; un mot cependant peut la caractériser : M. Bautain sut allier la grandeur de la foi à la grandeur de l'intelligence. Sa noble vie, ses vastes travaux, furent consacrés à l'alliance de la foi et de la raison. La philosophie du christianisme fut l'objet qu'il poursuivit toujours par des voies différentes ; et quand il eut été averti que la première voie qu'il avait tentée pouvait l'égarer, il donna au monde et à l'Église un beau spectacle, celui d'un grand esprit s'inclinant sous les sages avertissements de la plus vénérable autorité. Au sortir de cet épisode glorieux de sa vie, il reprit avec courage et confiance ses travaux. Les ouvrages qui en furent les fruits seront toujours une source féconde des plus nobles inspirations. Qu'il reste à jamais pour ses anciens collègues, qui furent ses amis et même ses disciples, un modèle, une force, un honneur !

A ce souvenir, à la fois douloureux et consolant, qu'il me soit permis, en ce moment, de mêler l'expression de vives satisfactions et de chères espérances.

Depuis le rétablissement de cette modeste solennité, cette fête de famille a toujours été l'occasion de manifestations bien précieuses pour notre Faculté.

Cette fête fut inaugurée par le vénérable cardinal Morlot, de pieuse et sainte mémoire. Il vint, avec l'autorité de sa grande position, de ses vertus, de son caractère, bénir notre Faculté d'une manière solennelle.

Son vénéré successeur, qui nous est cher à tant de titres, a toujours présidé cette réunion, nous donnant ainsi un gage de l'importance qu'il attache à nos travaux.

Son Exc. M. le ministre de l'instruction publique, l'année dernière, nous rendit, au milieu d'une pompe touchante et imposante à la fois, le chef illustre du grand fondateur de cette église et de cette maison : heureuse réparation, qui nous rattache de plus en plus à notre glorieux passé.

Sa présence au milieu de nous est une preuve nouvelle de l'intérêt qu'il porte aux facultés de théologie, mises à la tête des autres par le grand homme et le grand esprit qui a fondé notre dynastie impériale. La haute raison de Napoléon Ier, par le rang qu'il donna aux facultés de théologie, voulut apprendre à la France et au monde la place qui appartient à la science théologique dans l'ensemble des sciences humaines.

Ces réunions ont toujours aussi été honorées de la présence de vénérables pontifes ; mais elles reçoivent aujourd'hui un éclat inaccoutumé de celle de deux éminents cardinaux. Je ne dirai pas tout ce que leur doit l'Église, tout ce que leur doit la France : qu'ils accueillent avec bienveillance l'expression de notre reconnaissance.

Tous ces précieux témoignages doivent encourager nos travaux. Que Dieu les bénisse de plus en plus ; qu'il nous rende de plus en plus dignes de nos pères. C'est la grâce que nous lui demandons tous les jours, dans ce temple, où la tradition de notre histoire est en quelque sorte vivante. Ici, en effet, se perpétue la mémoire de Robert de Sorbon et de tous les grands docteurs du premier âge ; ici sont venus prier saint Vincent de Paul, les Condrem, les Olier, Bossuet, Fénelon. Que dans nos cœurs l'amour de la religion, la fidélité à l'Église, la fidélité au Saint-Siége, la fidélité à la France, ne soient égalés que par notre dévouement à la science sacrée, plus nécessaire au monde que jamais.

Discours de M. l'abbé Bourret.

Une des thèses favorites de l'antichristianisme moderne, c'est de nier l'influence sociale de la religion qu'il combat et son action civilisatrice dans le monde. L'homme n'a jamais relevé que de lui-même, disent les apôtres de cette orgueilleuse doctrine, et il ne doit qu'à sa propre lumière et à sa propre énergie les progrès divers qui marquent son pas dans la route des siècles. Ce qui est sorti de l'Eglise n'est pas plus parfait en bien des endroits que ne le fut le passé ; ce qui s'est fait de meilleur n'est pas son ouvrage ; en tout cas, il y a mieux à faire, et c'est à quoi travaillent ces nouveaux messies de l'humanité. Ils ne veulent plus de ces lois, de ces institutions, de ces règlements qui ont vieilli : ce sont des langes qui entravent inutilement la marche des peuples parvenus à l'âge viril, et ils vont émanciper la conscience de ces derniers restes d'un dogmatisme qui n'a plus de raison. L'heure du christianisme a sonné : on lui sait quelque gré des services qu'il a pu rendre, sans oublier pour cela ses méfaits; qu'il se retire, et prenne rang dans l'histoire parmi les choses qui ont fait leur temps; aussi bien la génération présente est pleine d'aspirations qu'il ne peut satisfaire; le nouvel Évangile de l'humanité est déjà promulgué et d'autres avénements se préparent. Tout cela se dit, tout cela s'écrit, et tout cela est cru par beaucoup.

Par contre, l'apologétique chrétienne soutient avec la même ardeur, et, j'ose le croire, avec plus de succès, que le germe de tout vrai progrès est dans la doctrine et la morale de Jésus-Christ; et sans méconnaître, ce qui serait une erreur condamnable, la part qui revient aux forces naturelles dans ce travail d'ascension qui est l'occupation permanente de l'humanité ici-bas, elle conclut, et avec raison ce me semble, que c'est au christianisme, interprété par l'Église, qu'il faut rapporter ce qui s'est fait de bon dans le passé et ce qui peut se faire de meilleur dans l'avenir.

La démonstration de cette vérité, dans ces derniers temps surtout, a marché si rapidement qu'elle sera bientôt terminée. Les écrivains et les orateurs catholiques ont tellement travaillé à la mettre en lumière, qu'il reste fort peu de points de cette civilisation, dont on se montre si fier, où l'on n'ait fait voir la main du christianisme commençant l'œuvre, la développant et la conservant encore aujourd'hui contre les tentatives rétrogrades de novateurs téméraires.

C'est sur un de ces points les plus importants, le Droit, que je viens en ce moment attirer vos esprits. Je veux vous montrer que là, comme ailleurs, le christianisme est le mouvement en avant, le progrès; et pour cela j'établirai qu'avant lui il n'y a eu aucune bonne législation dans le monde païen, que les grandes améliorations qui se sont produites dans les lois sont son œuvre, qu'on ne fera pas mieux hors de lui, et que tout au contraire, sans lui, on reculerait infailliblement vers le mauvais ou l'imparfait. Évidemment je ne pourrai qu'être sommaire et indiquer les grandes lignes d'une matière si étendue, mais je m'estimerais fort heureux si quelqu'un emportait d'ici l'idée d'un travail plus complet et la résolution de le faire.

Même ainsi réduit, j'ai besoin pour aborder ce sujet de toute la bienveillance des illustres et éminents personnages qui sont venus rehausser de l'éclat de leur dignité et de leur mérite cette fête inaugurative de nos travaux. Ils ne me la refuseront pas, car je sais, pour l'avoir expérimenté déjà plusieurs fois, qu'il n'est personne de plus d'indulgence que ceux qui seraient en droit d'être plus exigeants, parce qu'ils sont eux-mêmes en mesure de donner davantage.

Le droit, messieurs, un dans sa nature comme dans son principe, se décompose en diverses espèces, selon l'ordre des idées auquel il se rapporte et des devoirs qu'il précise. En tête apparait le droit naturel, droit générateur, droit premier qui sert de base à tous les autres et éclaire d'une manière générale la conscience de l'homme sur les diverses obligations qui lui sont imposées. Il est gravé au fond de l'âme par la main même de Dieu, et c'est vers ce régulateur suprême qu'il faut toujours se tourner pour juger du plus ou moins de rectitude des pensées et des actes. Après lui viennent pour le développer et le corroborer d'autres droits dont la main de l'homme a écrit la formule : le droit sacré, qui est le code des devoirs envers Dieu ; le droit des gens, qui règle les rapports des peuples entre eux ; le droit public ou politique, qui organise l'État et l'administre ; le droit civil et ses dépendances, qui constitue la famille, la propriété et le mode des transactions particulières ; le droit criminel, qui détermine et applique au mal sa sanction, et enfin le droit de la procédure, qui donne au lésé le moyen de se défendre et de se faire rendre justice quand il a été offensé.

Sur toutes ces choses, il y avait dans le paganisme de grandes imperfections et de grandes lacunes. De profondes erreurs s'étaient donné corps dans tous ces codes anciens, et de grandes injustices avaient été par eux consacrées. Le droit naturel s'était tellement oblitéré, que non-seulement les déductions secondaires, mais les vérités axiomatiques elles-mêmes, avaient dévié. Des pratiques monstrueuses, aussi choquantes pour la raison que pour la vertu, étaient acceptées comme l'expression du juste et de l'honnête. Le sens moral s'était prodigieusement affaibli sur les points qui nous paraissent aujourd'hui le moins discutables, et c'était tout au plus si on pouvait reconnaître au fond de la conscience cette marque divine qui y avait été primitivement imprimée. Souvenez-vous des philosophes de la Grèce et de Rome : quelles hésitations! quels écarts! Assurément je ne veux rien diminuer de leur gloire, et je reconnais volontiers les nobles efforts qu'ils ont faits pour arriver à un état plus parfait; mais que de mauvaises interprétations du droit naturel dans leurs livres, que d'iniquités ils acceptent, que de mauvaises institutions ils défendent, combien petit est le nombre des vérités qui se dégagent sainement de leurs thèses.

Les autres droits ne valaient pas mieux. Expression d'une théologie fausse, ridicule et impure, le droit sacré ne se ressentait que trop d'une pareille origine. A l'examen attentif que l'on peut en faire, il n'offre dans son ensemble qu'une série de superstitions ineptes ou cruelles, une théurgie sacrilége, des rites obscènes et des pratiques dont avaient à rougir à la fois le bon sens, la décence et la divinité qu'elles prétendaient honorer. Quel sacerdoce! Où est sa science, sa vertu, sa discipline? Quels mystères, quel symbolisme, quels autels, quels sacrifices, quel emploi des richesses du temple! Point de ces fortes épreuves qui préparent au ministère divin, point de ces précautions qui en garantissent la sainteté, rien de cette fermeté qui en fait respecter l'exercice. C'est bien là, on peut le dire, que la plaie était la plus vive, l'écart de l'humanité plus profond et le besoin de restauration plus pressant.

Pressant, il l'était partout, car la loi des devoirs envers les hommes n'était guère moins pervertie que la loi des devoirs envers Dieu. C'était à peine si le droit des gens était connu, et, en tous cas, il était fort mal observé. Allez demander à l'antiquité païenne le respect des nationalités, la fraternité des peuples, la réciprocité des traités, cet échange de relations amicales et d'offices d'humanité qui constituent les droits de la paix. Son histoire vous répondra par des invasions perpétuelles, la violence du plus fort et l'oppression du plus faible. Chaque peuple ne connait que lui-même et vit chez lui comme dans un camp retranché. L'étranger est un barbare qui peut être protégé momentanément par l'inviolabilité de son hôte ; mais hors de là, il n'a aucun des droits radicaux qui doivent suivre l'homme partout où il va. La libre pratique du territoire lui est interdite ; on ne lui accorde point le mariage, pas plus que la possession du sol, la liberté de conscience, le recours en justice. Ni sa vie, ni ses biens, ni son honneur, ne sont à l'abri ; car si le malheur ou le naufrage le jettent sur le rivage, il sera dépouillé de ce qui lui reste, trop heureux de n'être pas lui-même immolé sur l'autel du dieu dont l'invocation aurait dû le sauver. Plus mal compris étaient encore les droits de la guerre. On la déclarait le plus souvent sans motif, on la poursuivait par tous les moyens, on la faisait sans quartier. Tout était en cause chez l'ennemi : on se battait à la fois contre les dieux et contre les hommes ; on englobait dans la même proscription les femmes, les enfants, les vieillards, les inoffensifs, les neutres, les désarmés ; la victoire était souillée par des horreurs innommables, et la défaite aggravée par la servitude ou les tributs les plus onéreux. Évidemment, le paganisme ne peut se glorifier de son droit des gens.

Il ne saurait se glorifier davantage de son droit politique. Organisé sur la base du despotisme, le pouvoir public, qu'il fût exercé par un seul ou par plusieurs, offrait à tous ses degrés l'image de la tyrannie la plus dure et quelquefois la plus vile. Rois, consuls ou satrapes l'entendaient de la même manière. C'était un joug, et il pesait durement sur la tête de ceux à qui il était imposé. Il s'acquérait par la ruse, se maintenait par la force, se développait par la violence. Peu de souci du bien de l'État et de ce qui en général le procure. En haut, comme en bas, les officiers administratifs se déshonoraient par la concussion, l'agriculture était abandonnée aux esclaves, le commerce peu développé, les travaux d'intérêt public peu avancés, l'enseignement négligé, les mœurs publiques sans surveillance, les pauvres sans secours, les malades sans assistance, les vieillards sans asile et l'enfance sans protection. En revanche, l'impôt était lourd, les redevances nombreuses et avidement prélevées; car ce pouvoir antique, s'il faisait assez peu pour le bonheur général, demandait cependant de très-grands sacrifices. Par suite, il était mal servi et péniblement supporté. La soumission était un murmure, l'obéissance un frémissement. Les peuples, toujours armés contre leurs chefs, se perdaient en révolutions continuelles et consumaient à s'entre-détruire une force et une énergie qui n'eût dû servir qu'à mieux assurer la prospérité de la commune patrie. Je ne parle point des inégalités, des exclusions, des privilèges. L'État antique, que tant de faux enthousiasmes ont peint sous un jour idéal, ne connaissait point le vrai libéralisme. Sous des formes qui expriment le nom de la liberté beaucoup plus qu'elles ne la donnent, il était plein de castes, de démarcations, d'ostracismes, et vous chercheriez vainement dans ses institutions l'égalité des charges et la juste répartition des faveurs.

Que dire du droit civil? sinon, qu'ici encore les vices et les défauts nous débordent. La lèpre de l'esclavage asservissait la moitié de la population à l'autre, et la privait de tous les droits de la famille, de la propriété, de la justice, de ceux même de la vertu. La femme partageait cette dépendance à un degré presque égal. Le mariage était sans force comme sans sainteté, la puissance paternelle sans limite, et les enfants abandonnés quand ils étaient une gêne ou une déplaisance. Dans un autre ordre d'idées, le droit de succession était arbitraire et exclusif, la possession du sol pleine de distinctions et d'obstacles qui en amoindrissaient la valeur; les contrats reposaient sur des formules captieuses qui semblaient faites pour favoriser la chicane; l'usure était ruineuse, le trafic sans bonne foi, les institutions de crédit presque inconnues, et les fortunes particulières toujours menacées par l'envie et la rapacité de ceux-là même qui auraient dû les défendre.

Plus imparfait encore était le droit criminel; il péchait à peu près par tous les points à la fois. La détermination des crimes et des délits était mal faite. On y faisait figurer des actes qu'il eût fallu glorifier et on en omettait qui auraient dû être sévèrement réprimés. Les crimes moraux, par exemple, étaient rarement poursuivis, tandis que les délits politiques l'étaient presque toujours à outrance. La culpabilité n'était pas mieux appréciée : on impute souvent la faute à qui n'en est pas responsable; et quant aux peines, elles sont inhumaines dans leur choix, barbares dans l'application et sans moralité dans leur but. Voyez plutôt les systèmes pénitentiaires que nous offre l'antiquité : des cachots infects, des travaux sans trêve au fond des mines, la privation obstinée des aliments nécessaires, des outrages à la nature, des raffinements de supplices et des prolongations d'agonie qui semblent vouloir doubler les angoisses de la mort et épuiser le courage avant d'avoir épuisé la vie. Si, au moins, avec ces terribles pratiques on se fût proposé l'amélioration du coupable et son amendement; mais non, souffrir pour souffrir, gémir pour gémir; l'inflexible loi du talion était là pour demander, avec une usure cruelle, compte du mal qu'on avait pu faire à autrui, et, trop souvent peut-être, du bien qui lui avait déplu ou de la juste résistance qu'on lui avait opposée.

Les formes de procédure n'étaient pas supérieures aux autres parties de la législation. En général, elles manquaient de simplicité et de garantie. Au civil, c'était tout un appareil de formules sacramentaires, sous lesquelles la mauvaise foi venait facilement s'abriter. Au criminel, c'était un vrai combat singulier entre l'accusateur et son adversaire; lutte dont le résultat le plus net était la haine dans les familles et la discorde dans la cité. Dans l'un comme dans l'autre cas, le témoignage n'était pas suffisamment discuté, les preuves étaient incomplètes, les droits de la défense mal assurés. Et puis, quels juges, quels magistrats! Des hommes choisis souvent au hasard pour le besoin de la cause ou des passions du moment. Je ne vois là ni assez de lumières, ni assez de sécurité, sans parler de la vénalité et de la corruption, qui habituellement encore venaient s'ajouter aux imperfections du système.

Tel est, messieurs, le tableau abrégé des institutions légales du paganisme. Ne croyez pas que je le charge pour me procurer le plaisir de faire des antithèses et polir des contrastes. Prenez le droit romain, s'il vous faut un exemple. Certes, on l'a beaucoup vanté, et je ne voudrais pas être mis au rang de ses détracteurs. Pour ce que j'en connais, je l'admire : je l'admire comme une conquête sur le passé, une manifestation supérieure de la justice sur ce qui avait précédé ; mais quelque admiration que l'on ait pour cette législation remarquable, qui de nous voudrait vivre sous son régime? Oui, qui voudrait de ce vieux droit quiritaire si dur, si inflexible, si formaliste? Eh ! ne savez-vous pas qu'à la fin de la république déjà on le jugeait intolérable, et qu'il a fallu travailler pendant des siècles à l'adoucir et à le changer ?

Il était donc mauvais le droit antique, et, à la réflexion, vous trouverez qu'il n'en pouvait être autrement. Pour faire de bonnes lois, vous n'en disconviendrez pas, je l'espère, il faut de bons principes, et savoir les appliquer dans une juste mesure. Il faut de bons principes sur le bien et le mal pour avoir un droit naturel qui soit vraiment un type. Il faut des idées saines sur Dieu, pour que son culte soit dignement organisé et saintement célébré ; il faut des notions exactes sur la sociabilité et l'indépendance des peuples, pour qu'il en ressorte un droit des gens honorable ; il importe d'être fixé sur l'origine du pouvoir, son but, sa fin, ses devoirs, pour le bien constituer dans l'État ; il est nécessaire d'avoir bien compris ce que c'est que la famille, la propriété, le travail, pour édicter un bon droit civil ; il faut s'être rendu compte de la malice humaine, avec ses diverses causes d'aggravation ou d'excuse, pour faire une bonne législation criminelle, et il faut porter dans son esprit un bon idéal de justice, pour trouver le meilleur moyen de la rendre et de la faire respecter.

Or, l'antiquité païenne n'avait rien de pareil. En droit naturel, c'était le plaisir, le sentiment, l'intérêt, ou je ne sais quelle impassibilité stoïque qu'on offrait à l'homme comme signe distinctif du bien et du mal et de la moralité de ses actes. En religion, l'idée polythéiste avait tout pénétré. Entre peuples, c'était le mépris, la haine, l'hostilité, qui servaient de point de départ à la conception de leurs rapports réciproques. L'orgueil dans l'État, l'individualité dans la famille, la vengeance ou le dommage matériel dans la répression, le formalisme dans la procédure, voilà ce qui dirigeait le législateur dans les autres branches du droit, les principes qui donnent le ton à sa parole et à son précepte. Que pouvait-il sortir d'une pareille origine? que pouvait-on élever sur de pareils fondements? le droit que nous venons de décrire, ce droit plein d'erreurs, d'inégalités, d'injustices.

Si encore, dans les quelques vérités qui ont surnagé, on eût su garder la mesure. Mais non, tout est outré, forcé, poussé jusqu'aux conséquences extrêmes, de façon que ce qui était bon en soi-même cesse de l'être par défaut de modération et de juste équilibre. Quoi de meilleur, par exemple, que le patriotisme, l'autorité dans l'État et dans la famille? Il n'en est pas moins vrai cependant, qu'à Rome comme à Athènes, on avait tellement exagéré ce principe, qu'il en était résulté dans la pratique quelque chose de farouche et d'austère qui avait dénaturé le vrai caractère de ces grands sentiments.

Ce que le paganisme n'avait pas, le christianisme le possédait à merveille. D'abord il portait avec lui les véritables principes du vrai et la règle invariable du juste. L'essence même des choses, une rectitude ou une déviation innée inhérente intrinsèquement à tout acte, la liberté et la responsabilité de l'agent, tels étaient les nouveaux éléments d'appréciation qu'il fournissait à la raison naturelle pour déterminer le bien et le mal et remplacer l'antique morale de la sensation et de l'égoïsme. Dans l'ordre religieux, les fables impures du polythéisme et son aveugle destin disparaissaient devant la grande idée de l'unité de Dieu et de sa providence, et les dogmes illuminateurs de l'égalité, de la fraternité, du respect des choses et des personnes, étaient mis en tête de l'ordre public et de l'ordre privé. Il était dit que les peuples étaient tous faits pour s'aimer et non point se haïr, que la royauté était une délégation pour le bien et non point une manifestation de l'orgueil et de l'égoïsme, que la société domestique avait été constituée sur un plan d'indissolubilité et de réciprocité, que la propriété était sacrée, que la justice était pour tous, et que ses formes comme ses sanctions devaient être inspirées par la modération et par la sagesse.

Ce n'est pas tout : en même temps que ces axiomes étaient posés d'une manière générale et sommaire, leurs conséquences étaient développées et fouillées avec une puissance d'analyse étonnante. On en faisait ressortir les plus lointains devoirs et leurs plus délicates nuances, et la mesure n'était pas oubliée, car les lumières nouvelles portaient assez loin pour fixer à toute chose sa limite et son point culminant. Chaque obligation, chaque droit savait où il commençait, mais aussi où il devait s'arrêter. En un mot, ce que l'antiquité n'avait pas vu se voyait avec un éclat rayonnant, ce qu'elle n'avait pas su préciser se pondérait dans la plus parfaite harmonie.

Aussi quelle révolution dans les lois ! quelle transfiguration dans toutes les branches du droit, et par elles de la civilisation tout entière ! Le droit naturel s'épanouit en doctrines admirables, et partout dans les livres des légistes chrétiens émergent des théories pleines de sens, de grandeur et de dignité. Ces questions complexes dans lesquelles les anciens avaient noyé leur raison, l'origine du bien, la nature, la fin, le but de la justice, les moyens d'y parvenir et de l'accomplir, prenaient sous leur parole un accent de vérité dont l'humanité fut saisie, et, voyant mieux ce qui était bon, chacun se sentit plus de courage à s'y porter et plus de volonté à le faire.

Dieu mieux compris a été aussi autrement servi. Sur les ruines de l'ancien culte, un nouveau s'est formé, qui témoigne à la fois de l'intelligence de celui qui le rend et de la majesté de celui qui le reçoit. A un sacerdoce ignorant et stérile a succédé un ministère éclairé et rempli des influences morales les plus salutaires ; à des rites superstitieux et impies se sont substituées des pratiques pleines de sens et d'un symbolisme que la poésie elle-même ne peut assez célébrer. L'adoration s'est ennoblie, le temple, l'autel, le sacrifice, se sont purifiés, de nouveaux feux se sont allumés, des oracles plus clairs se sont fait entendre, une prière plus efficace est montée vers un ciel plus propice, et le règne de Dieu est véritablement arrivé dans les âmes.

Dans l'ordre social, on n'a pas vu de moindres choses ni de moindres changements s'accomplir. Le droit des gens est sorti de l'état rudimentaire où jusqu'alors il était resté. L'esprit de fraternité a gagné les peuples ; l'étranger n'a plus été forcément un ennemi, et le barbare un homme à qui rien n'était dû. Les relations de la paix se sont nouées entre des pays qu'unissait déjà la communauté de leur foi et de leurs espérances. La guerre a été considérée comme un fléau et non plus comme l'état normal de la société, et si on n'a pu la faire disparaître du monde, au moins des habitudes plus humaines sont-elles venues tempérer ses rigueurs.

Il en a été tout autant du droit public. Sous l'action réformatrice du christianisme, le pouvoir a perdu de sa dureté et l'obéissance de ses rancunes. Rois et peuples ont harmonisé leurs devoirs dans un juste rapport d'autorité et de confiance. Le césar antique a disparu, l'avide proconsul n'a plus osé ravager les provinces ; en haut comme en bas, la puissance a été regardée comme une tutelle et non plus comme un moyen de satisfaire son orgueil ou sa cupidité. Tout y a gagné : le travail honoré s'est mis à l'œuvre et a montré ses merveilles, les campagnes se sont couvertes de plus riches moissons, les routes se sont ouvertes, les forêts se sont défrichées, d'utiles établissements ont été fondés, l'enseignement s'est propagé, l'impôt régularisé a cessé d'être un pillage ou une vexation.

Le droit civil n'a pas échappé à cette heureuse atteinte. Là, comme ailleurs, tout s'est modifié, et certes il en était besoin. L'esclave, rendu prudemment à la liberté qu'il n'aurait pas dû perdre, a repris rang et dignité parmi les hommes. L'épouse s'est assise en égale au foyer, est devenue une compagne, de servante qu'elle était autrefois. L'enfance n'a plus été exposée, et le fils devenu grand a respecté son père, sans le redouter comme un maître. La propriété a pu être confiante en elle-même et le fruit du travail assuré. Les volontés des mourants ont reçu plus de force, et leur succession s'est plus équitablement distribuée. Les contrats ont été mieux faits et plus fidèlement observés, le commerce s'est plus loyalement exercé, l'usure a été proscrite, et le débiteur malheureux mieux traité.

Au criminel, mêmes réformes. Avec l'esprit nouveau qui avait soufflé sur le monde, les délits se sont plus judicieusement classés, le bien n'a plus été poursuivi et le mal épargné. Les codes se sont sur ce point épurés et complétés. En outre, on a vu disparaître insensiblement ces supplices barbares qui offensaient bien plus l'humanité qu'ils ne la vengeaient. Les peines se sont adoucies, et n'ont point atteint indistinctement l'innocent et le coupable. Ce coupable lui-même a vu son sort s'améliorer ; la grande doctrine du pardon et de la réhabilitation n'a plus permis de voir en lui un banni, mais un frère égaré. Aussi, dans la pénitence qui lui est infligée, est-ce bien plus le déport de la volonté que le dommage qu'on veut atteindre ; en le frappant, c'est son amendement que l'on cherche, tant qu'il n'est pas reconnu que cette espérance n'est pas fondée.

Enfin, la procédure elle-même se renouvelle dans ce mouvement général de réforme. Dans les actes civils, les véritables signes de la volonté, la parole, la tradition, l'écriture, remplacent ces formes équivoques de la pratique ancienne, où l'esprit de chicane avait plus à gagner que la justice. Dans les affaires criminelles, la société se met à la place de l'individu et lui retire ce droit d'accusation dont l'abus était trop facile. La procédure par inquisition du délit et de ses preuves se substitue utilement à la prise à partie de l'ancien système. En tous cas, dans les deux ordres de poursuites, l'instruction cesse d'être arbitraire et les droits de la défense sont plus hautement reconnus. On peut être mis en cause, sans être pour cela condamné ; les moyens violents d'examen font place à une recherche plus calme de la vérité, et les jugements sont empreints d'une plus grande modération et d'une plus grande équité.

D'accord, me direz-vous ; mais c'est là notre œuvre, le développement légitime de la raison, le fruit de la maturité des peuples et du mouvement progressif des esprits.

Non ! ces améliorations législatives ne sont pas uniquement le produit des forces naturelles de l'homme et de la libre expansion de son génie personnel. S'il est des points dans cette rénovation générale qui ne dépassent pas sa portée, il en est beaucoup d'autres qui ne peuvent se comprendre sans une autre genèse. Et à quelle autre cause que le christianisme rapporterez-vous, par exemple, ce nouveau droit religieux que sans lui vous ne pourriez pas même nommer? A qui ferez-vous honneur de ces innovations civiles et politiques qui s'appuient elles-mêmes, pour s'imposer et s'autoriser, sur la parole et sur la doctrine du Christ? Les païens eux-mêmes ne les expliquaient pas autrement; et comment nier cette vérité, quand on voit ce mouvement ne se faire que dans le sens de la foi et de la morale nouvelles, commencer quand le christianisme commence, progresser où il est en progrès, fleurir où il fleurit, diminuer où il diminue, s'arrêter là où il n'exerce plus son influence sociale?

A défaut d'autres, ces raisons extérieures suffiraient pleinement. Observons en effet cette révolution singulière. Elle est contemporaine du christianisme et marche chronologiquement avec lui. Vous la trouvez dans les codes de tous les législateurs qui passent pour avoir amendé le passé, quelles que soient leur origine et leur langue. Vous la trouvez chez les Romains du second empire; vous en rencontrez les vestiges chez les Goths, chez les Francs, chez les Saxons, chez les Lombards. Charlemagne parle comme Constantin, Alaric comme Théodose, saint Louis veut faire triompher les mêmes idées que Justinien; les rois visigoths de Tolède s'expriment comme Alfred le Grand et les autres princes chrétiens. Tous nomment le Christ dans leurs prologues, tous déclarent qu'ils veulent mettre les mœurs de leurs peuples d'accord avec leurs croyances, tous insèrent dans leurs livres de loi une partie des canons de l'Église. Et à quelle autre idée voulez-vous donc attribuer une révolution qui ne se donne point elle-même d'autre source ni d'autre principe?

Que si cela ne vous suffit pas, jetez les yeux autour de vous sur les paganismes qui restent encore debout. Prenez, si vous voulez, les lois des sectateurs de l'islam, bien qu'encore le reflet des idées chrétiennes les ait en cent endroits éclairées. Trouvez-vous les mêmes progrès, les mêmes améliorations, les mêmes réformes? Hélas! ces peuples gémissent encore sous la plus grande partie des misères antiques. Je les voyais il n'y a pas longtemps, j'étais introduit par leurs chefs dans leurs villages et dans leurs tribus. Vous dire la tristesse de mon âme devant cette civilisation arriérée, tout empreinte de fatalisme, de souffrances sans espérance, d'abjections morales de toute espèce, non je ne le pourrais.... Je me souviens qu'un jour, sortant d'une de ces huttes où j'avais vu de plus près ce que sont dans ces pays non chrétiens la condition de la femme, le sort de la fille et de ceux que n'a pas aimés la fortune, je me retirai à l'écart pour y verser des larmes de pitié sur tant de hontes et tant d'afflictions....

Ah ! c'est bien le christianisme qui nous a faits, qui a fait nos institutions, nos lois, notre civilisation tout entière ! Jusqu'au langage avec lequel on l'insulte, tout est de lui plus ou moins imprégné. Châteaubriand et bien d'autres l'ont dit dans des pages d'une magnifique lecture, en en faisant remonter l'honneur à l'Église et à la papauté, qui en est la personnification la plus haute. Et qu'y a-t-il, du reste, dans ce résultat qui puisse paraître étonnant ? Vous avez lu l'histoire, et vous avez sans doute cherché quelque raison des événements qu'elle expose. Eh bien ! n'avez-vous pas remarqué que la loi du développement moral et politique des peuples est la loi de leurs croyances et de leur culte ? Si vous ne l'avez pas remarqué, vous êtes encore inexperts dans la philosophie de l'histoire, et vous avez besoin de grandir dans l'esprit de lumière et d'observation. La loi, dis-je, du progrès religieux et social n'est pas autre que celle de la foi qu'on professe : le paganisme ancien et le paganisme contemporain en sont eux-mêmes la preuve. L'ordre antique était basé tout entier sur les idées théologiques du temps. Le pouvoir, l'État, la famille, étaient organisés d'après elles, et tout cela continue chez les peuples qui reconnaissent l'autorité du Coran comme chez les païens des extrémités de l'Asie. Voyez-vous, quoi qu'il fasse, l'homme ramène tout vers le Dieu qu'il adore, et il avait bien raison cet homme d'État qui a dit qu'au fond de toute affaire il y avait une question religieuse.

C'est ce qui est arrivé pour le christianisme. Maître du monde par la plus noble conquête qui puisse légitimer une autorité, il l'a refait à son image et à sa ressemblance. Et certes, ce défiguré des anciens jours n'a pas eu à s'en plaindre. Beaucoup de travail et beaucoup de patience ont été pour cela nécessaires, mais la religion des martyrs ne peut se lasser. Il a fallu compter avec les obstacles du dehors, les passions du dedans, les défaillances même de l'instrument qui travaillait à les vaincre. Les embarras, les entraves, n'ont pas manqué ; mais enfin, malgré des retards, malgré des ombres qui ne lui sont point imputables, la marche a toujours continué. Elle dure encore et ne s'arrêtera qu'avec le monde, car il est de l'essence des principes chrétiens de fournir toujours des applications nouvelles et de se développer sans cesse à mesure qu'on les connaît et qu'on s'en sert davantage.

On dit pourtant qu'on va faire mieux, et l'on veut congédier ce vieux précepteur des nations. Je ne crois rien du succès de ces tentatives. Pour faire mieux il faudrait avoir des principes meilleurs ou avoir découvert dans ceux qui existent des conséquences autres que celles qu'un chrétien peut légitimement réclamer. Or, tel n'est pas le cas des négateurs qui se font forts d'accomplir une œuvre pareille. Les principes qu'ils nous présentent ne sont que les principes de nos saints livres dans ce qu'ils ont d'acceptable et de bon, et les conséquences particulières qu'ils essayent d'en tirer, ou n'en sont que des déductions conformes à leurs doctrines, ou des contradictions qui reculent le mouvement au lieu de l'accélérer. Le christianisme a dit le dernier mot de la foi et de la morale, et par là des institutions législatives des peuples. Travaillez à y découvrir des harmonies que les autres n'avaient point encore aperçues, faites sortir de ses flancs généreux des trésors nouveaux dont l'humanité s'enrichisse en vous bénissant, mais n'oubliez pas dans vos recherches ce flambeau et ce guide; infailliblement vous n'aboutiriez pas, ou plutôt vous précipiteriez toutes choses dans un abîme d'immoralité et d'erreur.

Voyez ceux qui ont fait autrement. Ils n'ont pas manqué, et plus que jamais en ces derniers temps on les compte nombreux, les philosophes, les économistes, les rédempteurs, les prophètes, qui ont voulu doter le monde d'un nouvel ordre religieux et social.

Nous les avons vus, ces législateurs de l'humanité rajeunie, en train de formuler leurs évangiles et d'écrire leurs codes. Quelles aberrations, quelles folies, et quelquefois, à la fin, quelles catastrophes sanglantes! Un instant l'humanité égarée pourra bien les suivre, les écouter; mais devant leurs ruines, soyez-en sûrs, devant leurs proscriptions, leurs bouleversements, leurs blasphèmes, elle reculera épouvantée et se rejettera dans les bras du christianisme, le conjurant de lui pardonner et de la sauver.

C'est là ce qui, pour l'avenir, me rassure. Le mal peut bien s'agiter autour de l'Église, menacer même son existence, ses institutions et ses lois : je ne crains pas. Je ne crains pas, parce qu'elle est appuyée sur les éternelles promesses; mais je suis également rassuré parce qu'elle renferme en son sein les principes qui sont la vitalité des nations. Laissez faire les novateurs, laissez faire les chercheurs de cieux nouveaux et de terres nouvelles : le christianisme est le phare nécessaire vers lequel il faudra toujours se tourner. Toutes les fois qu'on voudra relever les intelligences et renouveler les courages, on ira forcément le trouver. Il est le prototype de tous les droits comme il l'est de tous les devoirs. Longtemps encore tout sera marqué, croyez-le, de l'empreinte de l'Évangile; longtemps les législateurs s'inspireront de ses maximes dans leurs ordonnances et dans leurs décrets. C'est un modèle vers lequel il faudra toujours revenir, et l'impuissance de faire quelque chose sans lui sera de plus en plus démontrée. La loi athée n'a existé nulle part, et vous ne verrez jamais, quoi qu'on dise, apparaître ce monstrueux phénomène autrement que dans de vains discours et dans des feuilles coupables de lèse-humanité et de lèse-morale. N'ayez pas peur. Autrefois il fut dit au batelier de Pharsale de ne rien craindre, parce qu'il portait la fortune de César avec lui. Le christianisme a moins encore à redouter que ce batelier les flots de l'erreur et du mal, il porte avec lui la fortune du monde!

Allocution de Mgr l'Archevêque de Paris.

Je ne veux pas vous retenir plus longtemps, ni ajouter aux fatigues de cette séance; mais j'ai besoin de remercier les éminents Cardinaux qui ont bien voulu présider notre réunion. Je me persuade qu'en venant honorer de leur présence cette assemblée et cette fête, ils ont été surtout attirés par le désir d'entendre l'éloge du regrettable abbé Bautain. L'éminent Cardinal de Rouen l'a connu, il a pu mieux que personne apprécier ses hautes et nobles qualités ; l'éminent Cardinal de Bordeaux l'avait fait son vicaire-général. Leur présence parmi nous me paraît donc un honneur rendu à la mémoire d'un homme qui a été cher à la plupart d'entre vous, Messieurs, et je les remercie pour notre ami commun de cette marque de sympathie généreuse.

Je m'associe aux regrets que le savant Doyen de la faculté de théologie a exprimés sur cet homme considérable, et, si le temps m'en était donné, je pourrais dire tout ce que j'ai admiré de bon sens, de ferme raison et d'esprit dans M. l'abbé Bautain. Je rappellerais ses qualités de professeur et ses vertus sacerdotales, avec lesquelles il démontrait si bien à tous ceux qui l'entendaient et le voyaient les vérités de la religion et les lois de la vie morale.

Je crois aussi interpréter les sentiments des vénérables Cardinaux, en disant qu'ils sont venus applaudir aux efforts de la faculté de théologie et encourager les jeunes gens, clercs ou laïques, qui suivent les cours. C'est en effet une loi de l'Église et de tous ceux qui la représentent de faire appel aux intelligences et de les retenir par la doctrine qui convainc et persuade. Vous nous croyez ambitieux?... Eh bien ! oui, vous avez raison : nous le sommes et nous n'avons point à le dissimuler. Nous avons la prétention de donner à vos esprits la mesure de la vie humaine, de vous présenter une discipline pour gouverner vos affections, de vous montrer le vrai chemin de la vie ; mais cette prétention, après tout, ne se manifeste et ne s'exerce qu'en émettant devant vous les principes les mieux fondés en raison et qu'en les enveloppant de tout cet éclat de lumières qu'on puise dans les faits, dans les idées et dans la pratique. Dans les faits, car nous les avons plus que personne, et depuis plus longtemps; dans les idées, parce que nous pouvons accepter, sans en souffrir, tous les contrôles de la raison et de la science; dans la pratique, parce que, comme on vient de vous le dire, les principes émis par le christianisme se sont emparés du monde, lui ont imprimé le branle et l'ont relevé de tous ses abaissements. Oui, le christianisme a repris la société en sous-œuvre, et l'a raffermie et transformée; les pauvres, les petits, les femmes et les enfants, il les a tirés du sein de leur faiblesse, et les élevant comme sur un pavois, les a fait passer en triomphe à travers le monde. Certes, cela suffirait à justifier et à recommander les doctrines que vous venez d'entendre rappeler par le savant professeur de droit ecclésiastique; et je comprends que les princes de l'Église viennent applaudir à ce qui se fait et se dit ici, et daignent par leur présence encourager ceux qui parlent et ceux qui écoutent.

Je prie les éminents Cardinaux de vouloir bien appeler les grâces de Dieu sur cette assemblée et sur toutes les familles représentées ici. Je place ces familles, je place tout mon diocèse sous leurs mains bénissantes, afin qu'ils vous obtiennent du ciel, mes frères, et la lumière nécessaire pour la bonne direction et la sûreté de l'esprit, et la force nécessaire pour le gouvernement des cœurs et l'honnêteté des affections, et cette autre énergie nécessaire pour gouverner le corps, pour le discipliner et le remettre à sa place, en lui faisant sentir la main autorisée de la raison et de la foi. Oui, je les prie de bénir vos travaux, les vôtres surtout, jeunes gens, et de vous placer pour le temps présent et pour l'avenir sous la protection de Dieu. Puissiez-vous parcourir toute votre carrière avec un constant respect de la justice et du droit, avec l'amour du travail, une volonté ferme, avec le sentiment de votre responsabilité, le religieux souci de votre avenir. Qu'ils vous donnent aussi par leurs bénédictions de garder les croyances et les habitudes que vous avez :

la piété filiale, la sagesse ou l'intelligence et le goût des bonnes choses, le sentiment de votre dignité, l'amour et la pratique de la vertu. Que Dieu vous conduise dans la vie de façon à ce que vos travaux vous fassent acquérir le mérite sur la terre, et obtenir la récompense de Dieu dans le ciel.

Ce sont les vœux que je fais et que vont appuyer, en vous bénissant, les vénérables prélats qui président cette réunion.

www.ingramcontent.com/pod-product-compliance
Ingram Content Group UK Ltd.
Pitfield, Milton Keynes, MK11 3LW, UK
UKHW020224200726
13856UKWH00004B/1609